82517

$\mathcal{I}_n \frac{2\mathcal{U}}{}$
$82.1\mathcal{U}$

NOTICE

SUR LA VIE ET SUR LES ŒUVRES

DE

THÉODORE VIBERT

ET DE

PAUL VIBERT

PAR

ARSÈNE THÉVENOT

MEMBRE ET LAURÉAT DE PLUSIEURS ACADÉMIES

Un poète est un monde enfermé dans un homme.
VICTOR HUGO.

Couronne de Couverture

PARIS
AUGUSTE GHIO, ÉDITEUR
PALAIS - ROYAL, 1, 3, 5, 7, GALERIE D'ORLÉANS

—

1881

NOTICE

SUR LA VIE ET SUR LES ŒUVRES

DE

THÉODORE VIBERT

ET DE

PAUL VIBERT

PAR

ARSÈNE THÉVENOT

MEMBRE ET LAURÉAT DE PLUSIEURS ACADÉMIES

❧

Un poète est un monde enfermé dans un homme.
VICTOR HUGO.

PARIS

AUGUSTE GHIO, ÉDITEUR

PALAIS - ROYAL, 1, 3, 5, 7, GALERIE D'ORLÉANS

—

1881

PRÉFACE

La première édition de cette biographie collective a paru en 1877 ; mais depuis cette époque le bagage littéraire de MM. Théodore et Paul Vibert s'est enrichi de nombreuses et importantes productions dont nous devons ajouter l'appréciation à celle de leurs précédents ouvrages. Voilà pourquoi nous donnons aujourd'hui une nouvelle édition de cette notice biographique et littéraire. Cette édition est augmentée notamment de l'examen de *Martura ou un Mariage civil*, poême dramatique ; *les Quarante ou Grandeur et Décadence de l'Académie Française*, sonnets ; et *le Conseiller Renaud*, nouvelle, par M. Théodore Vibert ; puis *Sonnets Parisiens* (3ᵉ édition) et l'*Affaire Sardou*, plaidoyer, par M. Paul Vibert.

Disons tout de suite que ces divers ouvrages, comme tous ceux des mêmes auteurs, ont été accueillis avec une faveur marquée par le public.

Arsène THÉVENOT.

Troyes, le 10 décembre 1880.

THÉODORE VIBERT

Un poète est un monde enfermé dans un homme.
(VICTOR HUGO).

I

BIOGRAPHIE GÉNÉRALE

M. VIBERT (Claude–Théodore) est né le 4 juin 1825, à Paris, dans l'antique rue Saint-Jacques, où son père exerçait la profession d'entrepreneur de menuiserie. Il n'avait encore que huit ans lorsqu'il perdit sa mère, enlevée subitement par le choléra. Dix ans plus tard, c'est-à-dire en 1839, il resta tout-à-fait orphelin avec deux sœurs, une troisième étant morte poitrinaire à 17 ans en 1836.

A dix-huit ans, Théodore Vibert était mathématicien de première force, dessinait, faisait de la musique, jouait aux échecs, faisait des vers, lisait couramment lord Byron et Shakspeare qu'il adorait et menait de front ses études.

A vingt ans, ayant terminé ses humanités, il éprouva cet impérieux désir de voir, qu'il ne faut point confondre avec un sentiment de vaine et stérile curiosité, mais qui, chez les intelligences d'élite, dénote la noble ambition de connaître le monde et de s'instruire des choses de la vie pratique. Il voulut donc voyager et parcourut une partie de l'Europe à pied, comme Bias, Pythagore et Platon, visitant successivement, en 1845 et en 1846, la Suisse, l'Italie, l'Autriche, la Prusse rhénane, l'Allemagne, la Belgique et la Hollande. M. Vibert, qui dessine et peint même fort bien, rapporta de ces voyages de riches Albums de paysages et de châteaux, copiés par lui sur nature.

Lors de son voyage en Italie, il fut reçu fort paternel-
lement en audience privée par le pape Pie IX qui lui dit
spirituellement : « Puisque vous êtes étudiant en *droit*,
vous marcherez toujours *droit* dans le chemin de la vie. »

Il fut arrêté à Venise par l'autorité militaire autri-
chienne et put craindre un instant le sort de Silvio, mais
il fut relâché après avoir visité les arsenaux sous la
conduite d'un colonel.

Il fit son droit à la faculté de Paris et obtint le grade
de licencié, le 15 octobre en 1849. Cette même année, le
13 novembre, il épousa la fille d'un fermier industriel
du département de l'Aisne, Melle Edma Coutant. Après
son mariage, il continua d'habiter à Paris où il fit son
stage et prit place au barreau le 3 décembre 1852. Mais
il exerça peu de temps la profession d'avocat. Sa nature
timide et très-impressionnable s'accordait mal avec les
terribles émotions que produisent les affaires de cour
d'assises. D'un autre côté, il répugnait à son caractère
si délicat d'être parfois obligé de faire violence à sa conscience en cherchant à innocenter un véritable criminel.
Ses goûts le portaient surtout vers la littérature et la
vie contemplative. Aussi, jusqu'à l'année 1867, s'adon-
na-t-il à peu près exclusivement aux travaux de l'esprit.
A cette époque, il accepta le poste de juge de paix du
canton de Monfort-sur-Risle, et en 1874, il fut appelé dans
la ville de Sézanne (Marne). En 1878, il fut déplacé, pour
avoir agi selon sa conscience dans un procès criminel, et
cela malgré ses chefs dont la conduite fut en cette occasion digne des plus grands éloges. Il a été délégué can-
tonal, administrateur de la caisse d'épargne de Sézanne.
Vice-président de la Société des travaux littéraires et
artistiques, est actuellement membre du cercle Mezzofanti de Naples ; du collège international de Milan et de
la Société des Amis des Muses d'Evreux.

Au mois de juillet 1876, M. Théodore Vibert fonda à
Sézanne la société de gymnastique l'*Etoile* ; de concert
avec M. Maurice Pujos, président de la société de gymnastique le *Réveil* d'Epernay, dont il fut nommé membre
d'honneur, à cette occasion.

Avant d'aborder la carrière littéraire de M. Théodore
Vibert, esquissons rapidement son portrait. Physique-
ment c'est un homme assez robuste, de grande taille et

bien constitué. La figure, ce miroir de l'âme, est belle et respire la douceur et la bonté; le front que couronne une luxuriante chevelure rejetée en arrière, est largement développé; le regard sérieux et bienveillant, et toute la physionomie intelligente et sympathique à première vue. Sa santé ne laisserait rien à désirer s'il n'était atteint parfois de battements de cœur très-violents qui l'obligent à suspendre tout travail manuel ou intellectuel.

Au moral, M. Vibert est la loyauté personnifiée. Sa droiture est inflexible, il n'admet aucun des tempéraments humains à l'aide desquels tant de gens savent, de nos jours, accorder leurs petits intérêts avec leurs petites consciences. Nous citerons seulement deux traits de caractère qui suffisent à démontrer l'honnêteté scrupuleuse et la délicatesse de M. Vibert:

En 1860, un homme d'affaires vint le trouver à Verneuil-sur-Seine, où il habitait pendant l'été, pour lui proposer une affaire qu'il pouvait accepter et qui devait lui rapporter 100 francs par jour. Mais cet homme lui ayant posé comme condition de déclarer à ses clients qu'il touchait le double de cette somme, il refusa formellement de se prêter à ce mensonge, malgré l'insistance du visiteur pour le faire changer d'avis.

Il refusa également d'accepter les propositions de M. Havin, directeur du *Siècle*, qui lui offrit d'écrire dans ce journal à la condition, bien entendu, qu'il en respecterait l'esprit politique et irréligieux, et qu'il ne ferait l'éloge ni des prêtres ni des gendarmes, ni d'aucune des personnes ou des choses que le *Siècle* avait la triste mission de combattre. Son esprit catholique et libéral ne lui permit jamais de semblables transactions avec sa conscience.

En politique comme en littérature, M. Théodore Vibert n'est d'aucun parti, d'aucune école, d'aucune coterie. Amoureux enthousiaste de la liberté dans l'ordre, c'est-à-dire de légalité, il veut rester absolument indépendant. Si l'on a pu croire qu'il affectionnait une forme préférée de gouvernement, c'est une erreur; il affectionne seulement la justice et la vérité. Mais en se tenant en dehors de tout esprit de parti, M. Vibert, comme il le dit quelque part, se fait honneur d'appartenir exclusivement au parti de l'esprit, qui vaut à lui seul mieux que tous les autres, car c'est celui où se rencontrent le plus de gens de bien de toutes les opinions.

Malgré son sincère patriotisme, M. Théodore Vibert n'a jamais pu se soumettre de bonne grâce au service de la garde nationale, qu'il a toujours regardé, non sans raison (on ne l'a que trop vu plus tard), comme illusoire, ridicule et dangereux. Aussi, fut-il condamné en 1863, par le conseil de discipline a quarante-huit heures de loisirs forcés. Il en profita pour composer la chanson suivante sur *Le Capitaine Merluchon* [1] :

> Avez-vous vu mon capitaine,
> Le capitaine Merluchon ?
> En hiver il porte mitaine
> Bonnet de soie et bas de laine
> Caleçon, tricot et manchon !
>
> Que de fois j'étais en patrouille
> A la pluie, à la neige, au vent !
> Lui, cette face de citrouille,
> Qui me prend pour une grenouille,
> Ronflait derrière un paravent.
>
> Comme il est fier, quand la mitraille
> Gronde et pleut sur notre Paris !
> Sans s'effrayer du sot qui raille,
> Il voudrait posséder la taille
> D'un rat ou bien d'une souris.
>
> Mais qu'il est beau quand la victoire
> A jonché de fleurs nos soldats
> Allons, amis, couverts de gloire,
> Volons au temple de Mémoire
> Immortaliser nos combats.
>
> Avant de quitter la bataille,
> Imitez le grand Merluchon :
> Quand on a bravé la mitraille,
> Il faut bien faire un peu ripaille !
> Qu'on fasse sauter le bouchon !

1. *Rimes d'un vrai libre penseur*, p. 174.

II

APPRÉCIATIONS LITTÉRAIRES

1. Edmond Reille (Roman philosophique)

Maintenant que nous connaissons l'homme, faisons connaissance avec l'écrivain. Comme poëte et comme prosateur, M. Théodore Vibert laisse parfois un peu à désirer au point de vue de la forme ; mais au point de vue du fond, au point de vue des idées et des sentiments, nous n'aurons à lui décerner que des éloges sans restriction ; car il s'est montré dans tous ses ouvrages ce qu'il eut été au barreau : un défenseur intrépide et convaincu de la foi catholique, de la liberté et de la légalité.

Son coup d'essai en littérature fut un coup de maître. Il débuta, en 1856, par *Edmond Reille*, roman philosophique et moral, en deux volumes, édité par Dentu. Cet ouvrage, qui emprunte la forme épistolaire, est parfaitement conçu et révèle des qualités de penseur et d'écrivain de premier ordre. C'est à la fois l'œuvre d'un philosophe et celle d'un philanthrope, c'est-à-dire d'un homme d'esprit et d'un homme de cœur, unissant le talent qui vaut beaucoup à la vertu qui vaut mieux encore. Car il est rare, en effet, qu'un auteur ne mêle pas certaines particularités de sa vie aux faits qu'il attribue à ses héros, et surtout qu'il ne leur prête pas quelques-unes des qualités qui le distinguent lui-même. Voici, au reste, la donnée de cet ouvrage qui sert de thème en même temps à la passion la plus vive et la plus pure, et à la philosophie sociale la plus généreuse et la plus élevée.

L'auteur, pendant un voyage à Rome, fait la connaissance d'un religieux franciscain qu'il rencontrait souvent, errant comme lui, triste et solitaire, au milieu des ruines du Colysée. Ce religieux, en mourant quelques jours après, lui lègue un coffret rempli de lettres ayant trait à la vie de l'infortuné. Ce sont ces lettres qui forment le fond de l'ouvrage dont le titre est emprunté au véritable nom du père franciscain, qui n'était connu dans son couvent que sous celui du père Louis.

Edmond Reille est le fils d'un ancien officier de l'Empire fusillé en 1816, comme impliqué dans une conspiration bonapartiste des soldats de la Loire. A vingt ans, ayant perdu une jeune sœur avec laquelle il était resté orphelin, et sur qui se concentrait tout son amour sur la

terre, il fait un voyage en Italie pour chercher un déri-
vatif à sa douleur.

Dans une excursion au Grand Saint-Bernard, il sauve
d'une mort certaine, au péril de sa vie, une jeune fille
tombée dans le torrent de la Doire, sous les yeux de ses
parents consternés. Blanche a seize ans, l'âge de la sœur
qu'Edmond a perdue ; elle est belle et douce comme
celle-ci. Le jeune homme qui ne l'a vue qu'un instant,
en devient subitement et éperdûment amoureux. Il
cherche à la revoir, la retrouve à Venise, est reçu dans
sa famille, et bientôt il est payé de retour par la jeune
fille qui l'aime d'un amour non moins profond et non
moins chaste que le sien. Mais Blanche est la fille du
noble baron allemand Neumarkt qui, imbu comme
tout ceux de sa race, des funestes préjugés de caste,
regarderait toute mésalliance comme une tache faite à
son blason. Pour le remercier d'un service qu'il en aurait
reçu, « il donnera sa main à un noble et sa bourse à un
plébéien. » Les jeunes gens s'aiment donc en silence et
sans oser se l'avouer l'un à l'autre ; mais ils prennent pour
confidents de leurs sentiments secrets, Edmond, son ami
Charles Bayne, à Paris, avec qui il entretient une
active correspondance où la passion et la philosophie se
mêlent tour-à-tour ; Blanche, sa sœur Mᵐᵉ la comtesse
Louise de Boisemont, à qui elle raconte également dans
des lettres pleines de grâce et d'abandon les sentiments
les plus intimes de son cœur.

A la nouvelle d'une légère indisposition de Blanche,
Edmond croit à une maladie dangereuse de sa bien-
aimée qu'il voit déjà morte, et il tombe lui-même très-
gravement malade. Inquiète de ne plus le voir, celle-ci
s'informe, apprend la vérité et vient, accompagnée de sa
mère, prodiguer ses soins à son sauveur mourant. Le
malheureux amant, au milieu de son délire, fait connaître
que son état désespéré est causé uniquement par l'excès
de son amour et par l'excès de sa douleur. Pour lui
prouver qu'elle n'est point morte, comme il le croit, et
qu'il n'est pas le jouet d'une illusion en la voyant,
Blanche lui chante, en s'accompagnant sur la harpe,
une charmante barcarole composée par lui, sur la ville
de Venise. Toute cette scène est fort touchante et la
pièce qui la termine est un véritable petit bijou littéraire.
En voici la première strophe :

J'ai vu les palais, ô Venise !
   Et j'ai vu l'étranger
Hélas ! toi que l'on divinise
   Pourquoi donc t'affliger ?
Comme une orgueilleuse carène,
Sous ton peuple de matelots,
Au sein de ton humide arène
Tu te balances sur les flots[1].

Enfin, Edmond revient à la vie et à la réalité de son bonheur, car il sait aussi qu'il est aimé. La mère est dans la confidence des deux amants dont elle comprend et approuve les sentiments ; mais il reste à initier le père et à le décider à consentir au mariage, et c'est là qu'est le nœud de la question.

La première partie de cet intéressant roman épistolaire a eu pour principal théâtre la ville de Venise ; la seconde se passe dans celle de Fontainebleau, qui fut le berceau d'Edmond, et où la famille Neumarkt possède une résidence aristocratique. Là se déroulent encore de fort jolies scènes de sentiment ; l'une surtout, pendant un orage dans la forêt, dont la passion contenue et la chaste volupté rappellent de tous points l'histoire d'Attala.

Nous passons sur les autres détails de cette correspondance à cœur ouvert, pour arriver au dénouement final et fatal. Le baron Neumarkt est enfin instruit des sentiments et des projets conçus par les deux amants ; mais loin de les approuver, il fait connaître à sa fille sa volonté formelle de l'unir au comte de Longueville. Pour triompher d'une résistance énergique, il feint d'être complètement ruiné par une dette de jeu. Le mariage qu'il projette pour sa fille peut seul lui rendre la fortune et l'honneur. Celle-ci alors n'hésite plus à se sacrifier au bonheur de son père. Mais la supercherie est découverte après que Blanche a déjà donné sa main au comte de Longueville, devant l'officier de l'état-civil. Aussi, à l'église, est-ce à Edmond qu'elle jure devant Dieu de conserver son cœur. La situation, comme on le voit, devient très-délicate. Une provocation en duel s'ensuit ; mais Edmond proteste contre ce procédé qui, quelle que soit l'issue du combat, lui ferait perdre à jamais sa maîtresse. C'est donc son ami, M. Charles de Bayne qui,

1. Pièce composée à Venise en 1846. (Voir *Rimes*, p. 90.)

à son insu, se bat contre M. de Longueville et le tue, en même temps qu'il en est blessé mortellement. Mais toutes ces terribles émotions ont tellement ébranlé la constitution de la pauvre Blanche qu'elle ne tarde pas à expirer en vierge chrétienne entre les bras d'Edmond, après lui avoir fait jurer de ne pas attenter à ses jours, et d'attendre qu'il plaise à Dieu de les réunir dans le séjour du seul vrai bonheur. C'est à la suite de cet événement qu'il se retira à Rome, dans le couvent des franciscains, où l'auteur le vit mourir à son tour peu d'années après.

Comme on peut en juger par l'analyse qui précède, il y a dans ce roman la matière d'un drame très-émouvant et très-instructif, qu'il serait facile de mettre en scène. Nous en avons surtout indiqué la partie sentimentale, mais il s'en dégage également de grands et beaux enseignements au point de vue de la philosophie sociale. Dans cette éternelle lutte entre l'ancien et le nouveau régime, entre l'aristocratie et la démocratie, l'auteur, par l'organe d'Edmond Reille et de Charles Bayne, expose les principes d'une saine démocratie, indépendante de toute forme politique, et expurgée des erreurs et des abus dont aucun des gouvernements prétendus populaires n'ont été exempts jusqu'ici en France ; et il défend chaudement l'abolition de la peine de mort.

2. Les Girondins (Poème national)

Le poème épique des *Girondins* dont la première édition parut en 1860, renferme un total de plus de 10,000 vers alexandrins répartis en douze chants. Ce poème est précédé d'une préface qui est elle-même une œuvre historique et philosophique très-sérieuse, dans laquelle l'auteur, s'adressant à Zoïle[1], soutient contre son critique imaginaire une dialectique serrée et victorieuse. Il y fait en même temps une profession de foi littéraire, politique et sociale pleine d'indépendance ; car, comme l'a dit Millevoye :

[1]. Zoïle est la presse en général et non un homme déterminé dans l'esprit de l'auteur.

La noble indépendance est l'âme du talent.

Quelques personnes, dit-il, ayant fait à l'auteur l'honneur de lui demander quel était son parti, il a répondu que, grâce au ciel, il n'appartenait à aucun ; ne désirant et n'attendant rien de personne, il n'est tenu de s'attacher à aucun chef, ni de s'incliner devant aucune bannière. Ces mêmes personnes, allant plus loin, dirent à l'auteur : « Vous n'appartenez à aucun parti, très-bien ; mais au moins avez-vous une opinion ? Quelle forme gouvernementale croyez-vous qui ferait le bonheur de la France ? Est-ce la République, la Monarchie représentative ou celle du droit divin ? » La réponse lui parut un peu plus difficile ; cependant, après quelques instants de réflexion, il répondit par cette anecdote : « Un de mes amis se trouvait à un déjeuner de gourmets. Comme il avait une réputation de connaisseur en vins, on lui demanda lequel des trois vins de Champagne, de Bourgogne ou de Bordeaux il trouvait le meilleur. — Diable ! fit-il, cela n'est pas facile à dire. Tous les trois ont du bon ; le Champagne est nerveux, il pétille, il donne la gaieté et la folie ; quand j'avais vingt ans, je l'adorais ; le Bourgogne est chaleureux, plein de sève et de montant ; à trente ans je le savoure à plein verre ; le Bordeaux est plus froid ; mais quand une fois il est fait, quel arôme, quel bouquet ! c'est le vin de l'âge mûr, de la sagesse et de la réflexion. A en juger par mes vieux amis, j'ai hâte d'avoir soixante ans pour en faire mes délices. Mais tenez, pour mieux dire, vive un festin comme celui-ci où le Champagne me réjouit et me communique son enthousiasme, où le Bourgogne m'échauffe et m'enflamme, et où le Bordeaux me fait songer. »

Au reste, l'auteur a une certaine quantité d'amis ; pas beaucoup, car en cela comme en toute chose il préfère la qualité à la quantité ; mais enfin, il en a quelques-uns. Or, l'un est partisan du droit divin ; c'est un gentilhomme accompli un parfait *honnête homme*. Le second est républicain ; c'est le plus charmant enfant que la terre ait porté, toujours prêt à se sacrifier pour ses amis et pour tout le monde : c'est encore un *honnête homme*. Le troisième est orléaniste ; mais quel bon bourgeois, quel bon père de famille, quel adorable négociant, il n'est pas moins *honnête homme* que les autres. Enfin, celui-ci est impérialiste ; le courage, la gloire, l'honneur se lisent sur ses traits ; c'est le plus généreux officier que la terre ait porté. Oh ! pour celui-là c'est bien le plus *honnête homme* que je connaisse. De tout cela l'auteur a conclu que l'on pouvait être *honnête homme* dans tous les partis et en dehors de chacun d'eux, et il s'est dit alors : « Soyons tout simplement *honnête homme*, le fardeau est déjà bien assez lourd, et laissons aux fortes épaules et aux puissantes têtes le soin d'être à la fois hommes de parti et hommes honnêtes. »

M. Théodore Vibert qui est démocrate ardent, sans

inféodation républicaine, et catholique convaincu en dehors des légitimistes et des ultramontains, ne poursuit qu'un but, au-dessus des luttes et des haines de tous les partis : l'union de la démocratie et de la religion. Grand admirateur des lois mosaïques, il montre que ce fut seulement chez le peuple juif que l'on vit règner cette heureuse et salutaire harmonie sociale qui doit être encore le but final et l'avenir de l'humanité.

La remarquable préface des *Girondins* est à lire tout entière et même à relire, sans omettre aucune des nombreuses notes historiques et philosophiques dont elle est enrichie, et qui n'en sont pas la partie la moins intéressante ni la moins instructive. Voici la courte conclusion de cette longue et belle préface :

Que celui qui, après avoir lu cette préface, ne se sentirait pas ami de l'auteur, jette le volume au feu, il n'a pas été fait pour lui.

Loin de brûler le livre comme l'auteur conseille de le faire à ceux qui ne sont pas devenus ses amis après la lecture de la préface, nous avons également lu tout entier le magistral poème des *Girondins*. Certes, si nous voulions analyser cette œuvre par le menu, nous trourions à y relever bien des petites défaillances, bien des petites taches dont les plus communes sont des inversions forcées dans le genre de celle-ci :

Ce ne sont pas ces fers *qui tes bras déshonorent;*
Quoi que l'on fasse enfin, *maîtres ils se déclarent;*
Chabot pour me corrompre, *un piège me tendait;*
Dans le feu de son âme, *un vain espoir forma.*

Nous dirions également que l'auteur a été, selon nous, un peu trop prodigue de métamophores et de comparaisons qui ne sont pas toujours d'une justesse rigoureuse, et qui offrent l'inconvénient de suspendre l'attention du lecteur au moment où il est le plus intéressé au récit. Il est vrai que ces hors-d'œuvre ont pour effet de stimuler l'appétit, mais il ne faut jamais abuser des excitants. Ce sont là évidemment des critiques de détail tout à fait secondaires, qui ne sauraient diminuer en rien le mérite sérieux de l'ouvrage. En effet, on ne prend pas une loupe pour regarder Saint-Pierre de Rome, pas plus qu'on ne se sert d'un mètre pour en mesurer la grandeur.

On est saisi par la beauté de l'ensemble, on en admire les vastes proportions et la majestueuse harmonie, mais il ne vient à la pensée de personne de chercher si certaines pierres ne portent pas quelques légères écorniflures. Or, dans son ensemble, le poème des *Girondins* est un véritable monument littéraire qui présente avec ceux de l'architecture d'autres analogies encore que celles dont nous venons de parler. La base, comme celle de tous les grands édifices, est plus solide que brillante ; mais à mesure que l'on s'élève ou que l'on avance dans l'ouvrage, on voit apparaître les ornements et les sculptures décoratives ; c'est-à-dire la hardiesse, l'élégance et la richesse du style.

Dans ce magnifique poème écrit sur l'un des épisodes les plus émouvants de notre grande Révolution, l'auteur est resté fidèle à l'histoire en représentant les héros de cette mémorable époque sous leurs véritables traits, avec leurs vices et leurs vertus, leur grandeur et leur bassesse, leur patriotisme et leur lâcheté ; et tous ces sentiments bons et mauvais souvent mélangés, heurtés et confondus au point de dérouter la raison humaine et de laisser douter de l'existence d'un Dieu, dont on avait eu soin, du reste, de supprimer le culte. M. Vibert a énergiquement saisi et admirablement rendu ces étonnants contrastes de passions, d'opinions et de caractères qui se prêtent si bien aux développements de la poésie, en donnant du mouvement et du dramatique au récit. Du reste, toutes les règles de l'art épique sont parfaitement observées dans ce poème qui, tout en embrassant plusieurs faits et en mettant en scène divers personnages, conserve cependant l'unité de sujet, d'action et d'intérêt. Tous les évènements viennent, en effet, se grouper autour d'un héros principal, seul personnage en partie fictif, mais dont la création était précisément nécessaire pour tenir le fil de l'action à travers les douze chants du volume: Ce personnage est Nicole, publiciste girondin, qui aime Isma, jeune royaliste dont il est aimé. Celle-ci, pour sauver sa mère jetée dans un cachot de la Conciergerie, accomplit les plus sublimes et les plus périlleux dévouements dont sa vertu sort triomphante. Mais n'anticipons pas sur les faits.

Le poème des *Girondins*, dont la troisième édition est

aujourd'hui épuisée n'est plus une œuvre à juger, mais c'est toujours une œuvre à lire et à admirer, même après Lamartine qui a chanté en prose immortelle les immortels héros de la Gironde. Du reste, on peut également s'en tenir pour l'histoire au livre de M. Vibert, car, à part l'ingénieuse et sentimentale fiction des amours de Nicole et d'Isma, tous les évènements politiques, de cette époque si tourmentée se dégagent très-nettement de son beau poème dont voici les douze chants: Les Débuts, la Prison, les Cordeliers, les Montagnards, le Dévouement, Charlotte Corday, la Guerre civile, les Girondins, les Jacobins, Derniers soupirs de la Gironde, les Complots, et le Réveil. Il y a dans les discours d'Isma un curieux travail d'euphonie; l'auteur pour leur donner plus de douceur en a retranché le plus d'*R* possible, suivant l'exemple de Racine. Dès le chant deuxième, la situation des divers partis est ainsi exposée:

> La France était alors en trois camps divisée:
> Le camp des *Jacobins*; leur fureur maîtrisée
> N'attendait qu'un instant pour broyer sous ses coups
> Les peuples effarés courbés à leur genoux.
> Saint-Just, Collot, Couthon, le fourbe Robespierre,
> Legendre, Tallien, Amar, Billaud, Barrère,
> Dirigeaient du parti la rude ambition.
> Le camp des *Cordeliers:* Chabot, Marat, Danton,
> Bazire, Jullien, Lacroix, Hérault, Camille,
> Lançaient sur le pouvoir leur sanglante famille.
> Puis, par tous attaqués, le camp des *Girondins:*
> Guadet, Isnard, Vergniaud, dirigent ses destins.
> Ils dirigent la France, ils ont les ministères;
> Roland pour le pays, échauffe ses artères;
> Il est présent partout; dans son activité
> Il devine en courant les vœux de la cité.
> Entre ces trois partis, luttant à l'Assemblée,
> Le *Maras*, par ses voix, quand la nue est gonflée;
> Qu'elle a vomi l'orage et troublé tous les rangs,
> Rétablit l'équilibre et l'ordre sur les bancs:
> Tous réclament sa voix, tant sa masse flottante
> Peut fixer des partis la victoire inconstante.

Quant aux trois principaux tribuns révolutionnaires, ils sont peints d'un seul trait:

> .... Marat est un infâme,
> Robespierre un vautour, Danton un orgueilleux.

Le chant sixième, consacré à célébrer l'héroïsme de Chalotte Corday, est un des plus beaux. Nous n'en citerons que ce fragment, où s'adressant à Barbaroux qui veut la détourner de son dessein, elle lui dit :

> .... Ne pleure pas sur moi ;
> Il est beau de mourir quand on meurt pour sa foi.
> Je ne tremblerai pas. Fille du grand Corneille,
> Au récit des hauts faits mon âme se réveille.
> Quand mon front tombera sanglant sur l'échafaud,
> Vous pourrez applaudir, j'aurai sauvé Vergniaud,
> J'aurai sauvé la France et, dans l'ignominie
> J'aurai plongé Marat, cet infernal génie !

Nous signalerons encore comme écrits avec beaucoup de chaleur, de verve et de coloris la mort de Marat, les derniers adieux de Vergniaud, et surtout, au chant neuvième, la belle scène shakspearienne chez la sorcière Théos qui, en présence de Nicole, évoque les ombres de Marat, de Danton, de Robespierre, de Chabot, d'Hébert, etc. Le siège et la chute de Lyon, sous Couthon et Kellermann, au chant dixième, sont également racontés en vers homériques qui ont la trempe et la sonorité de l'acier.

En résumé ce poème charpenté à la manière antique, et écrit, tantôt avec la pointe d'une épée, tantôt avec celle d'un poignard, est une œuvre solide, un véritable *opus magnum*, que les siècles ne détruiront point, et qui occupera toujours, avec son auteur, un rang distingué dans la littérature française.

3º Les quatre morts (poème moral)

Le poème des *Quatre Morts*, qui compte également trois éditions, parut d'abord en 1865. Œuvre de moins longue haleine que la précédente, celle-ci se distingue par une versification aussi facile et plus correcte. Dans une courte et judicieuse préface, l'auteur renouvelle sa profession de foi politique et littéraire absolument indépendante. « Il ne veut pas, comme les partisans de « l'école classique, enchaîner la muse sur le lit de « Procuste de la règle ; mais il ne veut pas non plus, « comme les romantiques, la promener, échevelée et « nue à travers toutes les débauches et toutes les orgies

2

« de l'esprit humain. — Si l'école classique est celle du
« despotisme, l'école du romantisme est celle de l'anar-
« chie. — L'une, à force de vouloir nous river à la loi,
« nous mène à l'atrophie de l'intelligence ; l'autre à
« force de vouloir nous délivrer du joug, nous plonge
« dans la fange, nous traîne dans l'horrible, et nous
« ramène à la barbarie. La vérité n'est jamais aux
« extrêmes. — Les lois qui régissent les choses de
« l'esprit, comme celles qui régissent les corps, ont leur
« foyer générateur au centre ; et les langues, comme
« tout ce qui existe dans l'univers, sont sujettes à des
« lois invariables qu'il n'est pas permis d'enfreindre
« sous peine de péricliter. »

Les *Quatre Morts* forment quatre chants ou petits
poèmes parfaitement indépendants et distincts ; mais
dont la réunion n'est cependant pas indifférente, car les
sujets ont été évidemment choisis de manière à ce que
la grande leçon renfermée dans l'un se trouvât complétée
ou corroborée par celle qui se dégage de l'autre. Nous
ferons seulement à ces pièces, et à la première surtout,
le reproche d'être un peu trop concises, et de ressembler
plutôt à des fragments qu'à des chants ou poèmes
entiers.

A part ce regret qui, du reste, n'a rien de désobligeant
pour l'auteur, nous dirons que *Le Christ* ou la *Mort
d'un Dieu* est l'œuvre d'un bon poète et d'un bon
chrétien qui, à l'exemple du divin Maître, prêche la
justice, la vérité, l'oubli des injures et l'amour du
prochain. Et nous ajouterons qu'il y a quelque mérite et
quelque courage à remplir cette haute mission morale
au milieu d'une société profondément égoïste et sceptique comme la nôtre. Mais le poète est un semeur qui
répand son grain à pleines mains, sans s'inquiéter où il
tombe, persuadé du moins qu'une partie pourra rencontrer un sol fertile et produire cent pour un.

Louis XVI ou la *Mort d'un Martyr* nous montre à la
fois ce que la passion aveugle peut avoir de plus lâche
dans les bas-fonds de l'humanité, et ce que l'abnégation
et la vertu ont de plus sublime en haut ; car, comme le
dit le poète :

La mort est pour les rois le sceau de leur noblesse.

On voit tout de suite l'analogie frappante qui existe entre ces deux morts : la victime divine et la victime royale sont sacrifiées aux mêmes haines populaires, et boivent également jusqu'à la lie le calice d'amertume en offrant leur vie en holocauste et en pardonnant à leurs bourreaux :

> Souvenez-vous, mon fils, que la vertu des rois
> Est d'oublier la haine et d'étouffer les voix
> Qui du fond de nos cœurs, brisés par la souffrance,
> Contre un sanglant passé souffleraient la vengeance.

Napoléon ou la *Mort d'un Conquérant* offre à notre méditation un autre exemple de la fragilité et du néant des grandeurs d'ici-bas :

> Qui donc reconnaîtrait ce conducteur d'armée
> Dont la gloire trônait sur l'Europe abîmée,
> Dans ce cadavre froid que le dernier frisson
> Tenaille sourdement sous le regard d'Hudson ?

Le glorieux vainqueur d'Arcole et d'Austerlitz expirant seul exilé sur un rocher désert ; quelle leçon d'humilité pour les puissants de la terre ! Avant de mourir, Napoléon revoit en rêve tout son brillant passé :

> Ces beaux jours d'autrefois où dominant l'orage
> Dont les éclats grondaient sur l'univers en feu,
> Il enchaînait les rois vaincus à son essieu.
> Il voit ses bataillons souillés, couverts de poudre
> Affronter glorieux les hasards de la foudre.
> Arcole ! Moscowa ! tremblez ! nos escadrons
> Roulent victorieux sous le cri des clairons.

Voici au reste en quels termes le docteur Rossi parle de ce poème dans le *Propagateur du Var* de septembre 1865 :

« Dans la *Mort de Napoléon*, le poète nous a paru « élever le ton de son luth. Ici la grandeur des images « nous semble s'harmoniser avec l'éclat du style. Le « monologue du Prométhée des temps modernes est « écrit de main de maître. »

Enfin dans *Voltaire* ou la *Mort d'un Philosophe*, nous voyons un des esprits les plus superbes obligé de s'incliner sous le doigt du Dieu dont il avait voulu nier la puissance :

Doué d'une âme ardente et d'un immense orgueil,
Possédant de longs jours pour rire du cercueil,
Voltaire avait dompté par son rare génie
Le siècle corrompu d'où la vertu bannie
Fuyait, humble exilée aux pieds de l'Eternel
Réclamer un vengeur qui délivrât l'autel.

Mais à l'approche de la mort, le philosophe athée reconnaît l'inanité de ses doctrines matérialistes, et il demande à se réconcilier avec le Dieu qu'il avait offensé et méconnu pendant une partie de sa vie[1]. Combien de prétendus esprits forts et de libres-penseurs, dans ce siècle d'irréligion, font les rodomonts et les railleurs, tant qu'ils sont en bonne santé, et qui s'empressent d'imiter Voltaire au moment suprême. A quoi leur a servi alors toute cette vaine forfanterie et cette incrédulité dont ils faisaient si tristement parade ?

Voici la fin de ce poème :

. . . .

Lorsqu'une heure plus tard le fidèle vicaire,
Porta l'agneau de paix au vautour du calvaire,
Du sage anéanti le cadavre brisé
N'offrait plus aux regards qu'un bloc pulvérisé,
Comme ces monts brûlés au souffle des abîmes,
Qui plongent dans les cieux leurs désolantes cimes !
Et la science avait justement mesuré
Le pouvoir du breuvage en son âme infiltré !
Sans recevoir ce Dieu qui rit de sa sagesse,
Le sage s'éteignit dans sa lugubre ivresse,
Et son siècle menteur, père de l'ouragan,
Proclama que, vaincu, le Dieu du Vatican
S'écroulait à la voix de la philosophie ;
Que l'on riait d'un Christ qu'en vain l'on déifie !
Et nos pères ont vu la tempête éclater !
Ils ont vu le délire à son faîte monter !
Ils ont vu les humains, arborant de Voltaire
Le drapeau décevant, épouvanter la terre.
Ils ont vu des bandits adorer la Raison
Dans ce temple du Dieu qui gronde à l'horizon ;
Ils ont vu la sagesse, assise à la tribune,

1. Le 20 janvier 1778, Voltaire écrivit à l'abbé Gaultier, vicaire de Saint-Sulpice : « Vous m'avez promis, Monsieur de venir pour « m'entendre ; je vous prie de vous donner la peine de venir le plus « tôt que vous pourrez.

VOLTAIRE. »

Décréter le devoir d'assouvir sa rancune,
Et la philosophie embrassant les bourreaux,
S'élancer triomphante aux flancs des échafauds ;
Ils ont vu l'ouragan mener à l'agonie
Les peuples corrompus par ce fourbe génie!
Ils ont vu sur leur front la colère de Dieu
Passer comme à Sodome en tempête de feu!

4° Rimes d'un vrai Libre-Penseur (Recueil)

A mesure que M. Théodore Vibert avance dans la carrière poétique et littéraire, son vers devient plus ferme, plus harmonieux, plus nourri ; on sent que l'auteur suit à la fois la loi du travail et celle du progrès, qui sont les deux grandes lois de l'humanité. Ce progrès est surtout bien caractérisé dans les *Rimes d'un vrai Libre-Penseur*, recueil de poésies diverses qui a paru en 1876, chez l'éditeur, Ernest Leroux, 28, rue Bonaparte, à Paris.

Comme M. Alexandre Dumas fils, M. Théodore Vibert a le goût des préfaces, et il les fait toujours excellentes. Voici les principes pleins de sens et de sagesse qu'il affirme de nouveau en tête de ce dernier volume :

Dans ses précédentes préfaces, l'auteur a dit et redit sur tous les tons qu'il n'appartenait à aucun parti politique, non plus qu'à aucune école littéraire. Il a dit qu'il était poète, philosophe, démocrate et catholique, et qu'il ne voulait être rien autre chose : cette situation a été approuvée par le plus grand nombre, surtout par les honnêtes gens qui déplorent le malheur de notre pays dévoré par l'esprit de parti. Les événements ont prouvé combien était sage sa détermination ; il ne s'est pas vu, comme tant d'autres, obligé de faire teindre sa robe politique pour se mettre au niveau des idées du jour, puisqu'il n'en porte pas.

Plus que jamais, il restera indépendant de tout système politique ; il l'a déjà dit, il respecte la forme politique que la France a reçue ; de même qu'il a servi sincèrement et loyalement son pays sous l'Empire, de même il continuera à le servir sous la République ; parce que le pays est toujours le pays et que la forme qu'il adopte est, au demeurant, une question bien secondaire, n'intéressant à proprement parler que les ambitieux qui ont la prétention d'être préfets, ministres, ambassadeurs ou tout au moins députés. Mais, pour le commun des mortels, le pays plane au-dessus de ces misères, comme dans un temple la divinité plane au-dessus de l'architecture du monument où elle est adorée. Que le temple soit roman, gothique ou grec, c'est toujours au même Dieu que l'homme adresse ses hommages.

Nous ne saurions évidemment passer en revue toutes les pièces, au nombre de plus de soixante, qui composent ce volume. Bornons-nous à dire que les *Rimes d'un vrai Libre-Penseur* ne sont pas comme on pourrait le croire peut-être d'après ce titre, l'œuvre d'un matérialiste, et une négation de toute foi religieuse; ce livre est au contraire l'œuvre d'un homme de bien qui, armé du fouet vengeur de Juvénal, fustige d'importance les hommes de mal de notre époque, pour les ramener au sentiment et à la pratique de la vertu.

Dans l'épître *A Berchoux,* qui ouvre le recueil, M. Vibert peint ainsi les deux principaux héros de la prétendue Défense nationale:

Il fallait un génie: un avocat sans cause
Dérobe le pouvoir et commande aux soldats.
. . . .
Un autre dans Paris, amoureux de sa phrase,
Parlant, riant, pleurant, toujours avec emphase,
Dans son profond orgueil se rêvant un Créqui,
Sans le moindre remords a livré Bourbaki.

A Jules Favre, Plume à vendre, la Mouche du Coche, le Trône et l'Autel sont également des satires vives et mordantes qui vont chercher les visages sous les masques et les sentiments au fond des cœurs pour les exposer au grand jour dans toute leur nudité. Mais pour se reposer l'esprit sur des sujets plus consolants et plus agréables, on trouve aussi un grand nombre de pièces intimes et charmantes adressées par l'auteur à ses enfants et à ses amis. Le genre épistolaire est même le caractère distinctif et saillant du volume. Ce genre, on le sait, comporte une certaine liberté et une facilité d'allure qui toutefois n'excluent ni l'élégance ni la pureté du style. Si quelques pièces peuvent encore laisser un peu à désirer sous ce rapport, nous devons constater que la plupart sont tout-à-fait irréprochables de forme et de fond. Tirons de ce riche écrin la jolie perle que voici, façonnée par l'auteur pour marquer le

quinzième anniversaire de la naissance de sa fille
Blanche. Ce petit joyau est intitulé :

A MA FILLE CHÉRIE[1]

Au couvent de Saint-Thomas de Villeneuve

Volage hirondelle
A ton nid fidèle
Quand reviendras-tu ?
Chacun dit : « Loin d'elle
« Je suis abattu ! »

Ma brune fauvette,
La maison muette
Songe à ton retour
Et dit : « Sans fillette,
« Bien long est le jour ! »

Ma charmante rose
Le jardin morose
Ne rit plus jamais ;
Flore en vain expose
Ses riches attraits.

Mignonne pervenche,
Parfois le dimanche
Te réclame au bois.
L'écho dit : « Sans Blanche,
« Je n'ai plus de voix. »

Ma perle chérie
Ta mère attendrie
A ton souvenir
Voit en rêverie
Ton front se ternir !

Reviens, reviens vite
Que tout ressuscite
A ton chaud accent
Que ta joie invite
Le bonheur absent.

Ta quinzième année
De fleurs couronnée
Rira près de nous ;
Qu'à peine sonnée,
Son destin soit doux !

1. Cette pièce a été traduite en vers italiens par Petito Longano,
et en vers anglais par Honoré Fréchette.

Nous citerons encore notamment, parmi les pièces les plus remarquables sous tous les rapports, le magnifique poème intitulé : *Ephah*[1]. Cette pièce mérite une analyse spéciale.

Ephah est une belle fille d'Eve, orgueilleuse et libre comme une cavale indomptée, ne connaissant que sa volonté, sans oser pourtant braver ce que l'on appelle le respect humain. Un beau jeune homme de vingt ans, Abdon, en est amoureux fou, et la presse de répondre à ses feux en demandant à l'épouser. Mais le mariage est une chaîne dont elle ne veut pas. Cependant, elle finit par accorder à Abdon un rendez-vous chez elle. Là, le père d'Ephah étant sur le point de surprendre les amants, celle-ci fait jurer à Abdon de ne point la trahir, puis elle pousse des cris et feint d'avoir été violée. L'amant ne nie point le fait qu'il rejette sur l'ardeur de sa passion ; il est alors poursuivi et condamné en cour d'assises, sans que la dangereuse sirène qui l'a perdu cherche à le sauver en proclamant son innocence qui serait l'aveu de sa faute, à elle. Mais le châtiment expiatoire ne tarde pas à atteindre la malheureuse Ephah qui niait le pouvoir et la justice de Dieu. Sur le point de mourir, après avoir donné le jour au fruit de sa faute, elle est prise d'un tardif et salutaire remords, qui l'oblige à confesser son mensonge et à demander à se réconcilier avec Abdon. Celui-ci est tiré de prison pour venir contracter un mariage *in extremis* avec la femme qu'il n'a pas cessé d'aimer, malgré ses torts envers lui, et à laquelle il pardonne, en lui jurant de veiller sur leur enfant. Cette histoire, comme on le voit, est très-touchante et très-dramatique, sans sortir du domaine du possible et du réel.

Nous pourrions, certes, parler de bien d'autres pièces non moins remarquables du même volume. Nous préférons y renvoyer le lecteur en lui recommandant particulièrement les *Satires gauloises* et les *Epigrammes* de la fin. Il y a dans les unes et dans les autres de l'esprit,

---

1. Ce nom, comme ceux d'*Abdon*, de *Nabal*, de *Chacham*, sont des noms hébreux dont la signification indique parfaitement le caractère de ces personnages. Epha veut dire serpent et obscurité, Abdon, victime ; Nabal, insensé ; et Chacham, bavard.

de la causticité et du trait que nous croirions empruntés
à Voltaire, si nous ne savions que l'auteur n'a jamais
rien emprunté à personne et que, du reste, il est anti-
voltairien. Ces satires doivent leur rapidité et leur mouvement à la suppression de la césure dans les petits vers
de sept pieds aussi bien qu'à l'absence de chevilles et
d'épithètes vicieuses.

5° Martura

Martura ou un *Mariage civil* qui parut en 1879, est
un poème dramatique en vers alexandrins partagés par
strophes de sept vers, précédé d'un prologue expositif
du sujet en strophes de quatre vers libres. Sans analyser cette œuvre par le menu au point de vue purement
littéraire, disons tout de suite que ce poème philosophique et social, qui a eu un grand retentissement, touche
précisément à l'une des plus graves questions agitées de
nos jours; celle du *civilisme* essayant de se substituer
partout au *cléricalisme*; c'est-à-dire la domination abso-
lue ou l'étouffement de l'élément religieux par l'élément
libre-penseur ; lutte éternelle de l'homme qui, dans son
orgueil, veut se placer au-dessus de Dieu, et même le
supprimer tout à fait.

Fidèle à ses principes libéraux et conservateurs,
M. Vibert se fait ici encore le défenseur énergique et
convaincu de la liberté religieuse si violemment mena-
cée dans tous les grands actes de la vie où les catholi-
ques ont l'habitude de réclamer les prières de l'église et
les bénédictions du ciel. Voici, au reste, la donnée générale de ce poème ou plutôt de ce plaidoyer.

Martura est une riche orpheline qui a été élevée au
couvent dans des sentiments de foi, de pureté et d'innocence dont la religion est à la fois la base et la sauve-
garde. Un indigne tuteur, son oncle, voltairien idiot,
jette cette colombe en pâture à la rapacité d'un libre-
penseur farouche et débauché. Celui-ci, après l'accom-
plissement du mariage civil veut, contre sa promesse
formelle, éluder le mariage religieux auquel tient absolument la jeune fille. Ne pouvant réussir à la convain-
cre ou à la tromper, le fou furieux veut triompher par

la force de la résistance qui lui est opposée. Sur le point de succomber, Martura saisit un poignard pour se défendre et sauve sa vertu en frappant son agresseur d'un coup mortel. A la suite de ce fait, la fille outragée passe en cour d'assises, est condamnée à mort et monte sur l'échafaud.

Comme on le voit, c'est un drame émouvant qui semble emprunté à la vie réelle de nos jours ; aussi, ce sujet devait-il tenter nos plus habiles dramaturges, et c'est ce qui est arrivé, comme on le verra plus loin par l'*Affaire Sardou*.

Ajoutons que M. Vibert a traité ce poème avec la même conviction et la même vigueur de touche que nous avons déjà constatées dans ses autres ouvrages. Tous les noms sont tirés du grec et ont un sens approprié au sujet. Ainsi Cyclopas, donné au journaliste et qu'un ignorant critique a confondu avec Cyclopos (borgne), veut dire apte à tout.

6º Les Quarante

Les Quarante ou *Grandeur et Décadence de l'Académie française*, suivis des *Guêpes*, *nos Ecoles*, *Fantaisies*, *Amitié* et *Jéovah*, est une nouvelle œuvre poétique qui porte la date de 1880, et qui se compose exclusivement de sonnets.

Aimez-vous les sonnets ? On en a mis partout. Oui, c'est vrai, mais ces sonnets sont comme les langues accommodées par Esope chez son maître Xanthus, et qui, grâce à la diversité et à la succulence des sauces, furent toutes trouvées délicieuses par les convives qui tous étaient des raffinés de table.

M. Théodore Vibert, comme nous le dirons plus loin, fut deux fois candidat malheureux à l'*Académie française*. Il a tenu à se venger de ces échecs comme se venge un homme d'esprit, et il a consacré à chacun de nos quarante immortels un sonnet qui seul vaut un long poème, en mettant vivement en relief les qualités ou les défauts, mais plus souvent les défauts que les qualités du personnage visé. Le sonnet dédié à Victor Hugo est,

avec une intention évidente, d'un rocailleux à rendre
des points au fameux :

> Où ô Hugo! juchera-t-on ton nom ?
> Et justice rendue encor que ne t'a-t-on.

Nous doutons, toutefois, que ces fines boutades puissent rendre nos illustres plus favorables à l'auteur qui, de son côté, est probablement décidé à ne plus solliciter leurs suffrages en se bornant à dire à chacun son fait.

Ces pilules amèrement académiques sont suivies des *Guêpes*, autre série de sonnets critiques sur divers sujets ou adressés à divers personnages, et dont l'aiguillon terminal n'est pas moins bien acéré et affilé pour aller droit au but et s'enfoncer profondément dans la chair de cuistre. Viennent ensuite d'autres catégories de sonnets moins mordants, mais non moins spirituels et faciles, sous les titres génériques que nous avons cités plus haut. Comme spécimen nous donnerons celui-ci : le dernier du volume :

JÉOVAH

> « Je suis celui qui suis ! je précède tout âge ;
> « J'enfante l'infini de toute éternité !
> « L'Univers n'est qu'un point dans mon immensité ;
> « Si grand qu'on me croira, je le suis davantage !

> « En vain vous rêverez la plus sublime image,
> « Vous ne comprendrez pas l'immuable beauté,
> « Ni la perfection de la Divinité,
> « A laquelle en tous lieux, tout être doit hommage !

> « Mon amour engendra votre vie et les cieux
> « Se peuplent à ma voix d'astres silencieux,
> « De globes enflammés, flambeaux de votre monde.

> « L'homme, créé par Dieu, fut du néant tiré :
> « Et je l'ai fait le roi de la terre et de l'onde ;
> « Ne lui demandant rien que d'en être adoré ! »

7. Le conseiller Renaud

Cette nouvelle en prose parut également en 1880, chez l'éditeur Auguste Ghio, à Paris. Elle renferme, comme beaucoup d'autres œuvres du même auteur, la donnée d'un drame dont on pourrait tirer un excellent parti pour le théâtre. Voici, en effet, le sujet de ce récit d'un intérêt palpitant :

Renaud était conseiller de Cour dans une ville du nord de la France où il jouissait de l'estime publique et avait la réputation d'un magistrat intègre autant que d'un homme probe, loyal et dévoué. Mais ce grave magistrat, si considéré et si heureux en apparence, avait dans son passé, comme Lorédan, une tache qui obscurcissait et empoisonnait toute sa vie.

A l'époque où il était encore étudiant, lié avec d'autres jeunes gens « qui dissipent leur jeunesse et prostituent leur cœur en fréquentant les cafés, les tripots et les maisons suspectes », il avait joué et perdu sur parole une somme assez considérable. Ne pouvant acquitter sa dette et n'osant se confier à son père, riche négociant qui, certes, lui eut pardonné cette première faute et se fut empressé de la réparer, il eut la malheureuse idée de commettre un faux en souscrivant un billet au nom de son père et en l'endossant de celui d'un de ses amis ; espérant que ce billet passerait inaperçu dans le roulement d'affaires de leur maison. Mais il n'en fut pas ainsi ; le billet fut protesté à l'échéance et remis à la justice qui ne tarda pas à trouver le coupable, qui fut condamné à cinq mois de prison, malgré toutes les démarches de son père qui avait cherché à arrêter les poursuites en désintéressant les créanciers de son fils.

Néanmoins, grâce à la protection toute puissante d'un ami de sa famille, le jeune homme parvint à s'évader, à quitter la Belgique, son pays d'origine, et à se réfugier en France sous un nom d'emprunt. Là, toujours soutenu par la main tutélaire qui avait favorisé son évasion, il put achever ses études à la Faculté de droit de Paris et embrasser la carrière judiciaire. Devenu magistrat, il se maria et eût deux enfants, un garçon nommé Emile et une fille nommée Amélie, d'une femme qu'il adorait et qui mourut bientôt de chagrin et de langueur, ayant appris, on ne sait comment, le terrible secret de son mari. C'était le commencement de l'expiation d'une faute de jeunesse cependant bien pardonnable.

Plus tard, sa fille qu'il idolâtrait fut recherchée en mariage par de nombreux partis ; mais comme il n'osait confier son secret à aucun d'eux, dans la crainte d'exposer ses enfants à la honte et au mépris, et que, d'autre part, il ne voulait point tromper un honnête homme en accueillant sa demande, tout en gardant le silence sur cette affaire, il éconduisit poliment tous ces prétendants. Du reste, Amélie, de son côté, ne paraissait pas pressée de se marier car elle était très-heureuse de vivre avec son père et son frère. Cependant un ami de collège de ce dernier, nommé Paul Chaumont, étant venu passer quelques jours à la maison, fit une telle impression sur le cœur de la jeune fille dont il était devenu éperdûment amoureux, que le père n'eût plus le courage de refuser sa main à celui-ci ; car il y allait de la vie même de son enfant.

La veille du jour fixé pour le mariage, le conseiller Renaud donna une grande soirée officielle à laquelle assista toute l'élite de la société. Il recevait à cette occasion les félicitations de tous ses invités, y compris celles d'un journaliste de la ville, nommé Pierre Cotterets, qui, ayant prétendu lui-même à la main d'Amélie, adressait aux deux fiancés des éloges d'autant plus suspects qu'ils étaient plus outrés. Tout à coup un domestique annonça : « M. Basile le Huron ! » C'était le nom d'un ex-magistrat devenu agent d'affaires interlopes. Ce petit homme sec, astucieux et processif, était l'ennemi déclaré du conseiller Renaud qui avait dû, plus d'une fois, se prononcer contre lui dans des affaires litigieuses. Cette visite était d'autant plus surprenante en un pareil moment, que Basile le Huron avait subitement quitté le pays depuis quelque temps. Tous les yeux se fixèrent avec inquiétude sur le nouveau venu qui se dirigea hardiment vers le maître de la maison en disant qu'il avait une importante communication à lui faire. Bref, ayant eu des soupçons, il avait fait des recherches et recueilli des renseignements précis sur le secret dont nous avons parlé, et ce misérable venait révéler publiquement que le faux M. Renaud, le conseiller intègre, le magistrat aimé, estimé et honoré de tout le monde, n'était autre que Jérôme Diémen, natif de Gand, et autrefois condamné dans cette ville à cinq mois de prison, pour faux en matière commerciale. A cette foudroyante révélation, le conseiller ne put opposer aucun démenti ; il demeura silencieux et affaissé sur lui-même. Mais il avait eu la loyauté de confier par écrit, le matin même de ce jour néfaste, à M. Paul Chaumont, le fatal secret qui pesait si lourdement sur son existence, afin de rendre à ce noble jeune homme toute son indépendance. Celui-ci lut alors la lettre qu'il avait sur lui, et cette lecture fut une complète réhabilitation du malheureux père dans l'esprit de tous les honnêtes gens exempts de préjugés ; mais cela ne pouvait suffire pour le réhabiliter également aux yeux du monde. Du reste, le lendemain un article à sensation paraissait dans le journal, dirigé par Pierre Cotterets, racontant le scandale de la veille, avec quelques sous-entendus perfides, afin de piquer davantage la curiosité.

La situation du conseiller Renaud était perdue ; il s'empressa d'envoyer sa démission. Son fils voulait se battre contre le journaliste ; il l'en empêcha en lui faisant observer que son honneur, loin d'être vengé, n'en serait que plus atteint par un redoublement de publicité donné à cette affaire. Mais pendant ce temps, Paul Chaumont, qui s'était fait solidaire de l'honneur de la nouvelle famille dans laquelle il voulait entrer, provoquait spontanément Pierre Cotterets, se battait avec lui et était atteint mortellement d'une balle dans la tête. Enfin, comme épilogue de ce drame émouvant, la famille Renaud quitta la ville qu'elle habitait pour se retirer à Lahneck, dans un vieux manoir en ruines, sur les bords du Rhin. Six mois plus tard, le conseiller Renaud mourait de chagrin, et sa pauvre fille, de plus en plus absorbée dans sa douleur, et ayant perdu tout autre sentiment du monde extérieur, venait chaque nuit pleurer et prier sur les trois tombes réunies de son père, de sa mère et de son fiancé.

Quant à la conclusion morale à tirer de cette histoire, elle se dégage d'elle-même : C'est que le monde est souverainement cruel et injuste, non-seulement quand il fait retomber sur les enfants les fautes de leurs parents, mais encore quand il est sans miséricorde pour ceux qui cherchent à racheter un moment d'erreur par toute une vie de vertu, de noblesse et de dévouement.

8. Le Droit divin de la Démocratie

Cet ouvrage que nous avons annoncé dans notre première édition, vient de paraître à la librairie Ghio, à

Paris. Comme il nous a été communiqué en épreuves, au fur et à mesure de l'impression, nous pouvons en parler dès maintenant et dire qu'il couronnera dignement l'œuvre littéraire et philosophique de l'auteur.

M. Théodore Vibert, qui a fait une étude approfondie des lois judaïques dont il est un sincère admirateur, les compare ici avec nos lois et nos institutions modernes, ainsi qu'avec les lois anciennes de Zoroastre, de Lycurgue, de Solon, de Platon, d'Aristote et des autres philosophes et législateurs de l'antiquité.

Nous avouons n'avoir jamais mieux compris la Bible que dans le livre de M. Vibert. D'après ce livre, toute infraction à la loi de Dieu est qualifiée crime et punie de mort. Or, cette loi se résume en deux seuls points : Obéissance à Dieu et respect de la vie humaine. C'est cette même loi divine que Jésus-Christ a plus tard renouvelée et formulée dans cet admirable précepte : « Aimer Dieu par dessus toute chose, et son prochain comme soi-même par rapport à Dieu. »

Toutes les lois humaines sont basées sur des conventions qui changent selon les temps, les lieux et les personnes. Ce qui est vertu et obligation ici devient crime et défense là. Platon, dans sa République, ordonne la sélection, c'est-à-dire la suppression de tous les enfants chétifs ou difformes, afin d'arriver à la perfection de la race. Lycurgue, avant lui, avait permis à tout homme bien fait de coucher avec la femme qui lui plairait. C'était ravaler l'homme au-dessous de la brute en lui appliquant ce qu'il pratique à l'égard des animaux qui, eux du moins, n'anéantissent pas leurs progénitures les moins bien conformées. « En dehors de la loi révélée de Dieu, dit M. Vibert, nous ne trouvons que l'inceste, l'infanticide, le meurtre, l'assassinat, l'infamie, autorisés et souvent même ordonnés par les lois. »

L'auteur s'élève à de grandes hauteurs de vues pour conclure logiquement à l'existence de Dieu et à l'immortalité de l'âme ; puis il établit les rapports nécessaires que l'homme doit avoir avec Dieu. Il fait voir en France le parti légitimiste cherchant à mettre Dieu dans son intérêt sans y mettre le peuple ; tandis que le parti révolutionnaire, au contraire, cherche à y mettre le peuple sans y mettre Dieu. D'où tous deux ont également tort.

« Quelle ne serait pas, s'écrie-t-il, la puissance du gouvernement qui, soumis au Créateur, ferait tout pour le
peuple ; et quel ne serait pas le bonheur de ce peuple ! »

En tête de la constitution hébraïque plane la grande
idée de Dieu. L'Eternel est le législateur, Moïse n'est
que l'intermédiaire et l'interprète du divin langage dans
une langue accessible aux hommes. La polygamie est
permise aux Juifs afin de peupler la terre, et aussi pour
les détourner de certaines pratiques infâmes dont ils
étaient coutumiers. En même temps, les filles sont
exclues du partage des biens pour éviter d'exciter la
convoitise des hommes qui, en prenant un grand nombre de femmes, auraient pu réunir sur leur tête tous les
héritages.

M. Théodore Vibert se prononce nettement, avec
Moïse parlant au nom de Dieu, contre le prêt à intérêt,
qu'il qualifie d'usuraire à tous les taux. C'est peut-être
aller un peu loin, car toute location est aussi un prêt
qu'il faudrait affranchir également d'un prix de loyer ;
ce qui conduirait fatalement à la suppression du prêt et
de la location et, par suite, à celle de la propriété elle-
même, en lui enlevant toute valeur vénale. Ce système,
comme on le voit, nous conduirait tout droit au communisme [1]. Nous savons bien que l'aumône et la charité
sont des vertus divines et chrétiennes dont la pratique
ne saurait être trop recommandée ; mais nous pensons
néanmoins que les lois humaines peuvent permettre à
un propriétaire de tirer un légitime profit de sa terre, de
sa maison et de son argent en en cédant la jouissance
temporaire à un étranger ; autrement la fortune ne serait
plus qu'un leurre et l'économie une sottise. Du reste,
avec ce système, comme l'auteur le constate plus loin,
l'argent n'avait aucune valeur monétaire à Jérusalem, où
il était très-abondant et ne représentait que la valeur
commerciale des objets qu'il servait à acquérir.

Mais, à part cette réserve, nous reconnaissons avec
M. Vibert que la loi mosaïque est restée comme l'étoile

---

1. « La location n'était pas interdite seulement toute location ces-
sait au jubilé : loin de mener au communisme la loi de Moïse en était
la condamnation formelle, puisque la propriété particulière territo-
riale était insaisissable et inaliénable » (*Lettre de M. Vibert*).

polaire de l'humanité, car elle renfermait, en principe, toutes les conquêtes démocratiques que nous croyons avoir faites depuis ; telles que l'égalité des citoyens devant la loi, leur aptitude aux fonctions publiques, selon leur capacité et leur mérite ; le service militaire obligatoire pour tous ; le suffrage universel, etc. Jésus-Christ est venu sur la terre pour étendre à tout le genre humain cette admirable loi à laquelle il n'a apporté que trois perfectionnements qui sont : L'unité dans le mariage, le célibat des prêtres et l'abolition de la peine de mort. Du reste, plus les législations païennes se sont éloignées de celle-ci, plus elles sont tombées dans l'erreur, dans l'injustice et dans la barbarie.

Au point de vue politique et social la constitution juive n'était pas moins bien établie, car elle reposait sur les quatre grands pouvoirs suivants :

1° Le pouvoir législatif réservé à la Divinité ;

2° Le pouvoir exécutif exercé par un Sénat de soixante-dix membres ;

3° Le pouvoir judiciaire confié à un grand-juge, désigné à la fois par Dieu et par le peuple ;

4° Le pouvoir ecclésiastique auquel présidait un grand-prêtre.

Dans les chapitres suivants, l'auteur se livre, en dehors de tout esprit de parti systématique, à des réflexions fort judicieuses sur les révolutions et les contre-révolutions ou coups d'Etat des temps modernes en France. La différence qui existe entre elles, dit-il, c'est que l'une se fait généralement au nom de ceux qui n'ont pas, et l'autre au nom de ceux qui possèdent, et c'est ce qui explique aussi pourquoi les révolutions terrifient tandis que les coups d'Etat rassurent. Mais, par une singulière aberration de l'esprit humain — à moins que ce ne soit par un juste retour des choses d'ici-bas, — les révolutions sont presque toujours faites ou préparées par ceux qui doivent en être les premières dupes ou les premières victimes. Ainsi la révolution de 1789 qui devait emporter la noblesse, a été incontestablement favorisée au moins par une grande partie de cette même noblesse, jalouse des prérogatives de la royauté ; celle de 1830 a été faite par les républicains qui devaient être mâtés par le gouvernement de Juillet ; celle de 1848, avec la complicité de la bourgeoisie qui approuvait le renversement de son propre gouvernement ; et enfin celle de 1870, la plus odieuse et la plus inepte de toutes, par une poignée d'aventuriers ambitieux, avec le concours d'une populace aveugle, brisant de ses propres mains son ancienne idole qui, pendant vingt ans, n'avait travaillé que pour le peuple.

L'auteur recherche ensuite quel est le gouvernement qui conviendrait le mieux à la France actuelle, et pour cela il passe successivement en revue les divers gouvernements oligarchiques, aristocratiques et démocratiques ou populaires, pour conclure en faveur de ce dernier, avec un chef unique, — empereur ou roi, — choisi par le suffrage universel, ou à une république gouvernée par les hommes les plus sages et les plus vertueux.

Plus loin, M. Vibert aborde la question de la religion qu'il ne saurait avec raison séparer du gouvernement. Il approuve l'organisation actuelle du clergé catholique, mais il pense que le Saint-Père ne saurait être suffisamment indépendant sans le pouvoir temporel. D'un autre côté, il voudrait que le Pape fut choisi par l'universalité des évêques de la chrétienté puisqu'il est le chef visible de l'Eglise universelle. Il approuve également le célibat des prêtres qui fut conseillé par Jésus-Christ, et seulement imposé rigoureusement en 1123 par le concile de Latran. Mais il demande, en même temps, qu'ils offrent les plus solides garanties de vocation et, pour cela, il voudrait que le prêtre catholique ne put s'engager dans les ordres qu'à l'âge de trente ans. Enfin il énumère toutes les qualités qui doivent distinguer le bon prêtre : la chasteté, la tempérance, la modestie, le désintéressement, le renoncement aux plaisirs du monde, la charité et l'amour du prochain poussé jusqu'à l'abnégation de lui-même et au plus sublime dévouement. Il faut bien dire aussi que, malgré les attaques odieuses et systématiques auxquelles le clergé est en butte en ce moment, les exemples de toutes ces vertus ne sont pas aussi rares qu'on voudrait le faire croire.

Au point de vue du culte, la France jouit très-certainement d'une liberté qu'on ne rencontre ni en Angleterre, ni en Allemagne, ni en Russie, ni même dans la plupart des Etats de l'Ancien ou du Nouveau-Monde. Aussi ne saurions-nous approuver la guerre injuste et impie que le gouvernement actuel a déclarée aux congrégations religieuses qui, en somme, ne forçaient personne à recourir à leur enseignement, à leurs prières ou à leurs autres services.

Après la question religieuse, M. Vibert examine la question de la Justice qui est basée sur la loi, quand c'est, au contraire, la loi qui devrait être basée sur la justice. M. Vibert est partisan de la suppression de la peine de mort et, pour appuyer son opinion, il cite un grand nombre d'erreurs judiciaires commises dans des causes célèbres. Malgré ces erreurs assurément fort regrettables, mais qui sont aussi, il faut bien le dire, très-rares et tout à fait exceptionnelles, nous ne saurions partager entièrement, sur ce point, la généreuse opinion de l'auteur, car nous sommes en cela complètement de l'avis d'Alphonse Karr; c'est-à-dire partisan de la suppression de la peine de mort, à la condition expresse que messieurs les assassins commencent à la supprimer les premiers. En effet, les philosophes qui prêchent cette belle théorie humanitaire en faveur des coquins se rendent-ils bien compte qu'en respectant la vie de l'un de ces peu intéressants personnages, c'est exposer en moyenne celle de deux honnêtes gens et aller, par conséquent, contre leurs nobles intentions philanthropiques. Mais, à part cette réserve, nous applaudissons du cœur et des mains aux projets de préservation et de moralisation que M. Vibert préconise pour ramener au bien les malfaiteurs et les criminels de droit commun.

L'auteur émet aussi des idées fort justes et pleines d'à-propos sur notre organisation militaire, ainsi que sur la liberté de la presse et le droit de réunion qui ne sauraient être absolus sans danger pour la paix publique; puis sur l'instruction qu'il veut largement gratuite et obligatoire, mais libre quant au choix des maîtres, sans jamais proscrire la religion des matières de l'enseignement.

Au sujet de la guerre, qui est un des plus grands fléaux de l'humanité, M. Vibert en reconnaît, non la nécessité, mais l'inéluctable fatalité qui dérive des sentiments, des passions ou des intérêts contraires des hommes. Ne pouvant donc supprimer cette plaie sociale il veut du moins qu'elle soit, autant que possible, limitée dans son objet et adoucie dans ses moyens.

L'auteur traite aussi avec une grande autorité et une grande justesse de vue la question si grave du mariage, qu'il veut à la fois civil et religieux ; et celle du divorce qu'il n'admet que comme une conséquence et un correctif de la polygamie dans les pays où elle existe légalement. Enfin, il examine encore successivement le vote universel, la constitution administrative du département et du canton, les impôts, l'épargne et les récompenses ou distinctions à accorder au mérite, en exprimant sur ces divers sujets des idées marquées au double coin de la sagesse et de l'expérience.

En résumé, cet ouvrage qui touche à toutes les questions vives de notre époque, et est accompagné de notes pleines de sens, de science et d'érudition, est un véritable cours de jurisprudence universelle, de philosophie et d'économie sociale et politique, dont la lecture est aussi attrayante qu'instructive.

III

CANDIDATURES A L'ACADÉMIE FRANÇAISE

Malgré la rapidité avec laquelle nous avons parcouru les travaux littéraires et philosophiques de M. Théodore Vibert, cette étude sommaire a pu suffire à mettre en relief les éminentes qualités de cœur et d'esprit de ce sympathique poète, et à prouver qu'il n'est ni le premier ni le dernier venu dans le monde des lettres. Du reste la place honorable que cet honnête écrivain a su s'y faire est pure de toute alliance et de toute intrigue. Il n'a jamais bu que dans son verre, et le vin qu'il y boit n'est point frelaté, car il le récolte lui-même.

En 1874, l'auteur des *Girondins* brigua le fauteuil de Jules Janin à l'Académie française ; mais il le fit avec une indépendance de langage que nos immortels sont assurément peu habitués à entendre, et qui n'était pas faite, dans tous les cas, pour lui concilier la plupart des voix de l'illustre aréopage. Voici, en effet, en quels termes il écrivit à M. Patin pour poser sa candidature :

« Monsieur le Secrétaire perpétuel,

« Je ne suis ni prince, ni duc, ni marquis, ni comte, ni
« vicomte, ni baron. Je ne suis ni ministre, ni ambassadeur,

« ni sénateur, ni député, ni préfet. Je suis simplement poète
« et philosophe et c'est à ce double titre que je viens solliciter
« les suffrages de votre docte Assemblée.

« Agréez, etc.

« Théodore VIBERT. »

Etait-ce de l'audace, de la présomption, ou simplement de la naïveté ? Mon Dieu non ! C'était une revendication légitime et une tentative sérieuse, dans laquelle le candidat tenait à s'assurer de ce que peut le mérite personnel luttant loyalement seul, à visage découvert, pour le triomphe du droit. Eh bien ! cette épreuve n'a pas été tout-à-fait stérile, car elle a convaincu, une fois de plus M. Vibert, du peu de fond que l'on doit faire sur certains théoriciens de la démocratie qui ont sans cesse sur le bout des lèvres et de la plume les mots sacramentels de liberté, égalité, fraternité, et qui, lorsqu'un homme du peuple entre résolument dans l'arène pour revendiquer l'un des plus beaux privilèges de cette noble devise — la liberté, l'égalité et la fraternité de l'intelligence — s'empressent de lui rire au nez et de lui tourner le dos. En effet, la candidature de M. Vibert fut à peu près exclusivement combattue par les journaux prétendus libéraux sur lesquels il croyait avoir le plus droit de compter

Mais son premier échec, prévu, du reste, ne le découragea pas, car il se retrouva sur la brèche plus résolu que jamais à affronter seul encore un nouveau combat pour le fauteuil de Joseph Autran. Le résultat ne lui fut pas plus favorable, et sa candidature fut à peine l'objet de quelques railleries dans la presse [1]. Lui opposa-t-on comme fin de non-recevoir l'insuffisance de son bagage littéraire ? Mais combien d'académiciens en ont un plus léger ; car sans parler de ses autres productions, le poème national des *Girondins*, seul, malgré quelques défaillances inévitables dans un ouvrage de cette importance, ne peut-il pas suffire à justifier une élection académique ?

Au reste, nous sommes dispensé de nous appesantir davantage sur la valeur littéraire et morale des œuvres

---

1. On a vu précédemment comment il s'est vengé de ce dédain dans ses sonnets dédiés aux *Quarante.*

de M. Théodore Vibert par les nombreuses et flatteuses appréciations qui en ont été faites dans la presse, ainsi que par les honorables suffrages que cet écrivain distingué a reçus de la plupart de nos illustrations littéraires, parmi lesquelles nous citerons MM. Désiré Nisard [1], Blanquart de Bailleul, Prosper Blanchemain [2], le comte Daru, Emile Deschamps, Achille Millien, Alphonse Baudouin, Frédéric Mistral, François Ponsard, Joseph Autran, Mgr le duc d'Aumale, Jules Simon, Honoré Fréchette [3], Joséphin Soulary, tous les poètes et littérateurs italiens, etc.

Enfin M. Théodore Vibert qui est le collaborateur recherché d'une foule de journaux et de revues, tant en France qu'en Italie et en Amérique, a obtenu pour ses divers ouvrages une médaille d'argent de l'*Institut Confucius de France*, en 1877 ; et une médaille d'honneur argent grand module de la *Société d'Encouragement au bien*, en 1880.

---

1. Le savant académicien vient d'écrire à M. Théodore Vibert (8 janvier 1881) :

Monsieur,

J'ai reçu votre livre sur le *Droit divin de la Démocratie*, et j'en ai commencé la lecture. Ce que j'ai remarqué, sur les pages parcourues, de savoir varié et solide, d'idées justes, de sentiments élevés, et, par moments d'expressions heureuses, me donne une forte envie d'obliger mes mauvais yeux à aller plus avant dans le livre. Mais, dès à présent, je veux vous remercier de l'intérêt que j'ai trouvé, et du profit que j'en ai tiré. Voulez-vous bien, Monsieur, agréer avec mes remerciments, mes félicitations sincères.

Désiré NISARD,
de l'Académie française.

Cette démarche de l'illustre écrivain est d'autant plus noble et remarquable, que notre auteur avait décoché contre l'académicien quelques traits de satire, mais il est vrai, plus malicieux que méchants.

2. Pour le remercier de l'envoi des *Rimes d'un vrai Libre-Penseur*, Blanchemain lui adressa ses *Poésies* avec ces quatre vers en dédicace :

Toujours vaillante est votre plume ;
Toujours votre esprit est nouveau.
Poète, à votre fier volume
J'envoie un fraternel bravo !

3. C'est Théodore Vibert qui a fait connaître en France le charmant poète Canadien qui vient d'être couronné dernièrement par l'Académie, sous les auspices de P. Blanchemain.

Ajoutons pour terminer ce paragraphe, que M. Théodore Vibert est encore sur le point de faire paraître, sous ce titre : *Le Peuple*, un nouveau poème dans lequel il soutient et développe, comme dans ses précédents ouvrages, une thèse philosophique, démocratique et sociale, dans le meilleur sens de ces trois mots, dont on a si souvent abusé.

PAUL VIBERT

BIOGRAPHIE GÉNÉRALE

M. Vibert (Edmond-Célestin-Paul), fils du précédent, est né à Paris le 18 février 1851. Aussitôt qu'il eut terminé ses études, il embrassa d'emblée la carrière littéraire et débuta dans le journalisme militant. Il fit ses premières armes au *Pays* , en 1872, puis entra a l'*Espérance nationale*, où il resta jusqu'à la fin de ce journal.

En 1874, M. Paul Vibert publia chez Lachaud et Burdin une brochure politique à sensation intitulée : *La Démocratie Impériale*. Ce petit opuscule de 32 pages eut un immense succès, non-seulement comme œuvre de parti, mais surtout comme œuvre de logique et de conviction pouvant défier toutes les controverses.

Cette même année, il fut l'un des fidèles qui allèrent en Angleterre acclamer le jeune Prince Impérial, à l'occasion de sa majorité légale.

L'année suivante, il édita à la même librairie une autre brochure exclusivement littéraire dont le titre : *Un Dizain de Sonnets* indique parfaitement l'objet. Ce début poétique ne fut pas moins heureux que le début politique du même auteur, car il donna tout de suite la mesure d'un talent de versificateur souple, gracieux et facile, susceptible de s'adapter à tous les genres de poésies ; depuis la satire vive et mordante jusqu'à la fraîche idylle, et à la triste et plaintive élégie.

En 1877, il nous consacra, à Paris, chez l'éditeur Chérié, une importante *Notice biographique*. Bien qu'il ne nous appartienne pas d'apprécier cette œuvre, nous dirons, toutefois, qu'elle se distingue par un style sobre et précis, autant que par la fidélité des détails auxquels on pourrait seulement reprocher d'être parfois un peu trop minutieux.

En 1878 et en 1879, le jeune poète fit paraître à la même librairie deux nouvelles séries de *Sonnets parisiens* qui lui valurent également les suffrages les plus flatteurs ; puis en 1880, il réunit en un seul volume ses trois précédentes séries auxquelles il en ajouta une quatrième, en éditant le tout chez Auguste Ghio, le nouvel éditeur à la mode du Palais-Royal. La plupart de ces sonnets ont été traduits en italien par divers auteurs et édités à Naples chez Fratelli Carluccio, en 1880.

La même année, il publia encore chez Ghio un important mémoire adressé à la presse et intitulé : L'*Affaire Sardou*, dans lequel il revendique énergiquement les droits de priorité de son père, au sujet de l'analogie frappante qui existe entre le poème de *Martura* et la comédie de *Daniel Rochat*.

M. Paul Vibert a encore en portefeuille une comédie en 3 actes et en prose intitulée : l'*Affairé*, traduite du danois Holberg, en collaboration avec M. Flinch, auteur dramatique très estimé de Copenhague. Cette pièce, dans le genre de Molière, avait été demandée à MM. Flinch et Vibert par Mlle Marie Dumas pour ses matinées étrangères au théâtre des Nations. La pièce était annoncée sur les programmes de la saison et allait être jouée quand la mort subite du directeur de ce théâtre est venue tout arrêter.

Nous apprenons que l'*Affairé* vient d'être présentée à l'Odéon, et nous espérons bien que l'intelligent directeur de ce théâtre ne laissera pas échapper l'occasion de faire jouer cette petite comédie qui renferme des situations et des caractères très désopilants.

Indépendamment du *Pays* et de l'*Espérance Nationale* dont nous avons parlé plus haut, M. Paul Vibert a collaboré ou collabore encore plus ou moins activement à un grand nombre de revues françaises et étrangères parmi lesquelles nous citerons, la *Crisalide e la Musica* de Naples ; la *Collura giovanile*, *Paris-journal*, l'*Almanach du Sonnet*, les *Muses Santones*, la *Revue de la Méditerranée et du Var*, le *Sonnettiste et l'Union littéraire*, dont il fut quelque temps rédacteur en chef ; le *Parnasse*, la *Revue des Poètes*, la *Revue de la jeunesse*, la *Revue du Monde catholique*, etc.

M. Vibert fils est membre correspondant du Collège international des sciences, lettres et beaux-arts de Milan ; de l'Associazione dei Benemeriti italiani de Palerme ; de l'Associazione Giovanile Nazionale fondata in Maddoloni ; de la Societa scienza et arte in Fano ; du Cercle Bellini de Catane ; du Cercle Mezzofanti polyglotte de Naples ; membre fondateur de l'Institut Polyglotte de Paris ; membre de la Société nationale d'Encouragement au Bien ; de l'Académie des Muses Santones de Royan ; de la Société des Amis des Muses d'Evreux ; et d'une foule d'autres Sociétés académiques et littéraires de France et d'Italie.

Enfin il est déjà titulaire de plusieurs médailles dont une en argent du Cercle Bellini, une autre du Collège international de Milan, et une en or du Circolo promotore Partenopea. Ajoutons qu'il vient de recevoir tout récemment le diplôme de la croix Académique de Vénézuéla, titre équivalant à celui d'officier d'académie en France. Cette distinction est la juste récompense méritée par ses travaux littéraires, aussi estimés à l'étranger que dans son pays.

Du reste, ces diverses œuvres que nous apprécierons plus loin, ont déjà valu à M. Paul Vibert d'honorables encouragements et de solides sympathies ; car il compte au nombre de ses principaux amis littéraires M. le prince de Lusignan, Mme la princesse Ratazzi, Mme la comtesse Agénor de Gasparin, M. le baron Pompilio Petitti de Naples ; M. le duc Carlo Carafa de Noja ; M. Honoré Fréchette du Canada ; M. le colonel Staaff, M. Léon Chotteau, M. le vicomte d'Abzac ; M. Frédéric Mistral, M. Eugène Loudun, M. Achille Millien, M. Alphonse Baudouin, etc.

On sait qu'en dehors de la chanson, du roman et du théâtre qui donnent des droits d'auteur, la littérature proprement dite ne saurait être considérée comme une occupation bien sérieuse et lucrative, car elle ne permet guère à ceux qui s'y adonnent d'acheter des châteaux ailleurs qu'en Espagne ; aussi, M. Paul Vibert, obligé comme tant d'autres, de compter avec les nécessités de la vie matérielle, est-il attaché aux bureaux d'une grande compagnie financière de Paris à laquelle il donne tout son labeur du jour, en réservant ses nuits à sa plus chère maîtresse... la Poésie.

On voit que le fils tient à justifier le proverbe : *Bon sang ne peut mentir* ; et qu'il marche hardiment sur les traces de son noble père, dont il a hérité de tous les goûts, y compris celui des voyages. Ayant obtenu un congé pendant le mois de septembre 1880, il s'empressa d'en profiter pour faire, en compagnie d'un jeune Canadien de ses amis, une excursion en Belgique, en Hollande et sur les bords du Rhin ; visitant successivement Bruxelles, Anvers, Rotterdam, La Haye, Amsterdam, Dusseldorff, Cologne, Coblentz, Mayence, Francfort, Aix-la-Chapelle, Liège et Namur.

Comme goût particulier, M. Paul Vibert affectionne tous les exercices de corps, notamment la valse et le patin où il excelle. Aussi, est-il un des danseurs et des causeurs les plus recherchés des salons parisiens.

Depuis la mort du Prince Impérial, M. Vibert s'est complètement dégagé de la politique pour se consacrer tout entier, comme nous l'avons dit plus haut, à l'étude des questions économiques et financières pratiques. Tenant par un côté au monde des affaires et par l'autre au monde des lettres, il est à la fois sur le chemin qui mène à la fortune et à la gloire, et nous ne pouvons mieux terminer cette notice qu'en lui criant : *Bon voyage* !

II

APPRÉCIATIONS LITTÉRAIRES

1° La Démocratie impériale

Bien que cette brochure soit, comme nous l'avons dit, une œuvre de parti, elle est aussi et avant tout une œuvre de franchise, de conviction et de courage. Dans cet opuscule plus spirituel qu'il n'est gros, l'auteur se montre d'un bout à l'autre le défenseur éloquent d'une cause qui nous est chère comme à lui, mais à laquelle beaucoup d'autres, hélas, n'ont pas gardé la même foi jurée, depuis que cette cause a été rendue plus sacrée par le malheur.

M. Paul Vibert est un partisan déclaré de l'Appel au Peuple, ce grand principe qui, suivant une parole auguste, est à la fois le salut et le droit. Si tous les citoyens ne sont pas d'accord pour reconnaître la nécessité de recourir à la voie plébiscitaire pour résoudre nettement et pacifiquement toutes les grandes questions politiques, c'est parce que, comme le dit l'auteur dès le début de son ouvrage; en politique il n'y a que des intérêts personnels, et non des sentiments de justice et de vérité. Ce que l'on veut avant tout, c'est se servir et vivre du parti que l'on prétend servir. Voilà pourquoi tant de gens passent si facilement d'un parti dans un autre, aussitôt qu'ils ne trouvent plus leur compte à rester avec le premier; voilà aussi pourquoi ceux qui détiennent le pouvoir et les caisses de l'Etat sont constamment en butte aux obsessions de solliciteurs d'autant plus avides de pain et d'honneurs qu'ils viennent de plus bas.

Il y a quatre manières d'arriver au pouvoir, dit M. Vibert; Par la volonté de Dieu, c'est le droit divin; par la force, c'est le droit de conquête; par le suffrage universel, c'est le droit populaire ou national; et enfin par la ruse ou la trahison, qui est contraire à tous les droits. C'est par la force, c'est-à-dire l'abus de la puissance qu'ont été fondés tous les gouvernements qui se sont succédé en France, et tous aussi ont été renversés par la violence; « mais les deux Napoléons seuls ont osé faire ratifier leur acte par la volonté populaire, par ce que seuls, en renversant des gouvernements odieux, ils surent mériter l'approbation de la nation ».

Enfin l'auteur passe en revue les différents partis qui divisent et se disputent la France; il examine leurs titres et suppute leurs chances pour conclure démocratiquement en faveur de l'impérialisme. Mais les chances de ce parti, nous devons le reconnaître et le déplorer, ont bien diminué depuis la mort glorieuse et prématurée de notre cher et regretté Prince Impérial.

Nous terminerons ce rapide examen par l'accusé de réception suivant, adressé de Chislehurst à M. Paul Vibert:

Monsieur,

Le Prince Impérial a reçu avec plaisir votre brochure intitulée : *La Démocratie Impériale*. Son Altesse Impériale me charge de vous en remercier, ainsi que des sentiments de dévouement exprimés dans la lettre qui l'accompagnait et qui vous l'ont inspirée.

Veuillez agréer, Monsieur, l'assurance de mes sentiments distingués.   Franceschini-Piétri.

2° Sonnets Parisiens

Comme nous l'avons dit dans la biographie générale de M. Paul Vibert, ses *Sonnets Parisiens* parurent d'abord successivement en fascicules par série de dizains, et ce fut l'accueil favorable qu'ils reçurent du public lettré qui engagea l'auteur à les rééditer en les réunissant en un seul volume sous leur nouveau titre. Cette réunion permit aussi de classer les quarante pièces du livre en quatre catégories ou genres portant les sous titres de *Tendresses, Caprices, Tristesses* et *Escarmouches*.

Ces sonnets sont, en effet, bien parisiens par la forme et par le fond, car tous ont été sentis et vécus à Paris ; tous vous apportent un écho et un souvenir des mille bruits, des mille joies et aussi des mille déceptions et des mille douleurs qui vous assaillent, vous enveloppent et vous emportent dans le tourbillon de la vie mondaine de Paris. Lisez *Mes Sœurs, Curiosité, Ma Voisine, Missive,* le *Skating-Rink,* les *Tziganes, A une Coquette, Scrupule, Contraste,* la *Statue, Amiens, Aux Milanais,* l'*Hippodrome,* et bien sûr que vous ne vous arrêterez pas là. Ajoutons que ce coquet petit volume est dédié *A Sa Majesté la Reine Marguerite* par un sonnet de M. Thédore Vibert, le digne initiateur et précurseur de son fils, qui ne pouvait trouver à la fois ni un meilleur présentateur, ni une plus noble protectrice.

Ce qui distingue surtout la poésie de M. Paul Vibert, c'est son caractère de spontanéité naturelle ; ce n'est ni cherché ni voulu, ni trouvé ; c'est tout simplement senti parce que c'est arrivé. Deux sonnets pris au hasard suffiront à prouver ce que nous avançons. Jugez-en.

MES SŒURS

A Madame Céleste Salomé

La nature autrefois me fit don d'une sœur ;
Pour moi, petit enfant, dont l'âme était si tendre,
Ce fut, je vous le jure, un bien rare bonheur ;
Mais les anges du ciel n'ont pas voulu l'attendre !

Un soir elle mourut !... En voyant ma douleur
Et mes larmes d'enfant qui ne sait se défendre,
Le Seigneur s'attendrit et consola mon cœur
En me disant tout bas qu'il allait me la rendre.

Blanche, éclose un matin sous le toit désolé,
Répandant au logis le rire consolé,
Eteignit à jamais les feux de ma tristesse.

Mais, Madame, aujourd'hui jugez de mon ivresse ;
Je devais une sœur à la bonté des cieux ;
Je vous dois maintenant d'en pouvoir aimer deux !

Cette chute délicatement tournée en madrigal n'est-elle pas tout à fait charmante ?

En voici un autre :

MISSIVE

Vous demandez ce qu'on fait loin de vous
Seul à Paris tout un été, Baronne ;
Si l'on s'amuse et si la Seine est bonne
Si l'air est chaud et si les soirs sont doux.

Pour moi, je rêve à vos yeux andalous,
A vos chansons à votre gant, mignonne,
A vos cheveux où la brise frissonne...
Sur mon honneur, parfois je suis jaloux !

Je pense encore à la saison passée,
Où le matin vous rentriez glacée,
Après le bal, en me serrant la main ;

Et puis le jour à la longue visite,
Où vous avez... mais, chut ! j'irai demain
Jusqu'au château, c'est pourquoi je vous quitte.

Appuyons maintenant notre opinion sur celle d'autres juges dont on ne saurait contester la compétence. Voici d'abord le sonnet humoristique que le jeune poète reçut d'Alexandre Cosnard, l'ami intime d'Emile Deschamps, en réponse à l'envoi de son premier *Dizain* :

A MONSIEUR PAUL VIBERT

Poète, fils de poète,
Paul Vibert, merci dix fois
Pour vos dix sonnets de choix
Qu'à chaque instant je répète !

Chez vous la Muse en vedette
Forma votre jeune voix,
Et pour appliquer ses lois,
Vous apprit bien sa recette.

Vibert (Théodore) ainsi
A doublement réussi,
Plus heureux que beaucoup d'autres ;

Vers charmants, nouveaux, anciens,
Il est le père des siens
Et le grand père des vôtres !

ENVOI

Au jeune *Paul Vibert*,
En poésie expert ;
Moi, vieux rimeur maussade,
Dans un sonnet malade,
Je rends grâce un peu tard.
— Alexandre Cosnard. —

Carlo de Blasis, l'illustre écrivain polyglotte italien lui écrivit, peu de temps avant de mourir, la lettre suivante :

Cernobbio (lac de Côme) le 6 janvier 1878.

Monsieur,

Je viens de recevoir la deuxième série de vos charmants sonnets, bien digne de la première, vous traitez avec facilité et supériorité ce genre difficile de la Poésie, il y a du sentiment, de l'esprit, de la grâce, du talent, je vous remercie infiniment de ce beau présent et de la biographie que vous avez écrite avec tant de cœur de Monsieur Arsène Thévenot, un homme remarquable sous tous les rapports. On voit en lui un noble et généreux caractère, de grandes et énergiques passions, les vertus du vrai citoyen et le génie et les talents divers qui lui ont fait produire un grand nombre d'ouvrages sur les arts, les sciences et la littérature, où il occupe une place honorable comme prosateur et comme poëte. Honneur à lui et à son digne biographe qui l'a si bien apprécié et d'une manière très intéressante, ce qui prouve l'universalité de son beau talent.

Veuillez agréer, monsieur Vibert, les salutations empressées et l'offre des faibles services de votre dévoué.

CARLO DE BLASIS.

P.-S. Mes hommages à monsieur votre illustre père.

Mistral, de son côté, lui adressa ce laconique accusé de réception, où se révèle bien le chantre de *Mireille*, l'homme du soleil et de l'amour :

Maillane, 17 janvier 1880.

Monsieur et cher confrère,

J'ai reçu votre dizain de sonnets, plus ou moins lugubres comme les journées de ce mois de janvier, mais assez parisiens pour me faire rêver de votre grande ville...

Merci cordial,

F. MISTRAL.

Enfin le poète italien Carlo Carafa de Noja vient de répondre à l'envoi de son volume par le sonnet suivant auquel nous voulons laisser toute sa saveur exotique :

A PAOLO VIBERT

La Musa capricciosa che t'inspira,
Del tuo pensiero giovane regina
Somiglia a civettola parigina :
Ride, piange ed insiem piega e s'adira.

Il suo profumo lascia in ogni giona,
In ogni flor un pruno, e ove respira
Velen e miel depone ; la sua lira
La notte irradia e annebbia la mattina.

Del secolo, che muove frettoloso,
Su l'orme carri, vale spensierato,
Senza mai prender lena, ne riposo...

Fra i tanti, che t'han letto ed ammirato,
Del tuo brio, perchè mai nol dir? geloso,
L'inesausto tesor T'ho anch'io invidiato !

CARLO CARAFA DI NOJA.

14 Settembre 1880.

3° Affaire Sardou

MÉMOIRE A LA PRESSE

Nous avons constaté précédemment que la plupart des œuvres de M. Théodore Vibert renferment des éléments dramatiques dont on pourrait tirer un excellent parti pour le théâtre. Ces données devaient tenter naturellement les auteurs dramatiques et c'est ce qui est arrivé, comme nous l'avons dit, pour le poème de *Martura*, auquel M. Victorien Sardou semble avoir emprunté en partie sa fameuse comédie de *Daniel Rochat*. Mais con-

trairement à ce qui se passe ordinairement en pareil cas,
où l'auteur qui veut transporter au théâtre un sujet
déjà traité par un autre, s'assure de la permission de
celui-ci, avec lequel il partage les droits d'auteur, de la
pièce, M. Sardou aurait fait cet emprunt clandestine-
ment comme s'étant rencontré par hasard avec M. Vibert
pour traiter le même sujet d'une façon différente, à peu
près en même temps. Cependant la similitude est frappante entre le poème et la comédie, puisque dans l'un
comme dans l'autre l'idée capitale est identique, et que
des deux côtés l'héroïne se trouve placée entre le
mariage civil et religieux dans la nécessité de résister à
son époux pour obéir à sa foi. Le plagiat qui paraît ici
évident devait donc sauter à tous les yeux et provoquer
des explications ou des protestations énergiques. C'est
ce que fit, en effet, M. Paul Vibert dans son mémoire
adressé à la presse et intitulé: L'Affaire Sardou, où il
établit et revendique, avec pièces à l'appui les droits de
priorité de son père.

Cette affaire ayant fait quelque bruit dans la presse,
nous allons en rappeler les principaux points, d'après le
mémoire en question. Il résulte de l'instruction et des
débats, comme on dit en matière judiciaire, que le ma-
nuscrit du poème de *Martura* était déposé entre les
mains de M. Frémont, imprimeur à Arcis-sur-Aube, en
novembre 1878, que cet ouvrage parut imprimé le 9
juillet 1879, et que quelques jours après un exemplaire
fut remis à M. Sardou par les soins même du fils de
l'auteur. Quant à la comédie de *Daniel Rochat*, elle fut,
paraît-il, achevée en septembre 1879, lue au Comité de
la Comédie-Française, le 7 novembre suivant, et enfin
représentée pour la première fois sur cette scène, le 16
février 1880. Immédiatement après cette représentation,
l'éditeur de *Martura*, M. Auguste Ghio, crut devoir protester, tant en son nom qu'au nom de M. Théodore
Vibert, par une lettre qui fut publiée dans divers journaux de Paris, et dans laquelle il faisait des réserves
expresses au sujet de l'analogie vraiment extraordinaire
qui existait entre les deux ouvrages. De son côté,
M. Paul Vibert, — au lieu et place de son père éloigné
de Paris, — écrivit le 20 février à M. Sardou pour lui
demander de loyales explications, et le prier de recon-

4

nâître franchement que la comédie de *Daniel Rochat* était tirée du poème de *Martura* ou *un Mariage civil*; d'indiquer cette origine sur les affiches de la pièce et, en conséquence, d'accorder à l'auteur du poème primitif sa part de droits sur les représentations. Cette lettre étant demeurée sans réponse, M. Paul Vibert résolut de protester en portant la cause devant le tribunal de l'opinion publique par la voie de la presse. Naturellement, les journaux qui s'en occupèrent furent divisés d'avis sur cette question. On vit même à cette occasion certains organes qui avaient accueilli la première protestation, prendre subitement la défense de M. Sardou, en prétendant que celui-ci avait remis le scénario de sa pièce à M. Perrin, directeur de la Comédie-Française, huit mois avant l'apparition de *Martura*, et que par conséquent s'il y avait un plagiaire ce ne pouvait être que M. Vibert, oubliant que quelques jours auparavant, ils avaient dit tout le contraire. Mais, comme le fit très judicieusement observer l'éditeur du poème par une nouvelle lettre adressée à M. François Oswald, rédacteur théâtral du *Gaulois*, pour que cette accusation reconventionnelle pût être soutenue, il fallait admettre la complicité de M. Perrin qui aurait communiqué le scénario dont il était dépositaire. C'était donc à celui-ci, directement mis en cause qu'il appartenait de répondre à cette insinuation malveillante.

Pour faire mieux juger des points de ressemblance qui existent entre le poème et la comédie en litige, M. Paul Vibert cite tout entière la scène du salon entre Léa et Daniel, où celui-ci cherche à triompher par l'amour des scrupules et des résistances de celle qui ne lui est encore unie que par les liens civils ; puis il compare à cette scène la partie du poème intitulée : *le Drame*, où se trouve précisément la même scène et la même lutte entre Frontis et Martura. Dans les deux ouvrages, dit M. Paul Vibert, le mariage religieux ne s'accomplit pas; seulement dans le poème, le mariage civil est rompu par un meurtre : c'est un drame ; tandis que dans *Daniel Rochat*, il l'est par un divorce grotesque : c'est une comédie. Mais le point capital, le nœud de l'action est le même, ainsi que l'issue qui est l'anéantissement du mariage civil.

Voici, au reste, quelques points de comparaison dont le rapprochement fera mieux saisir la similitude qui se rencontre, sinon dans l'expression même, du moins dans la pensée des deux auteurs :

Daniel Rochat	Martura
DANIEL	FRONTIS
Eh bien, ma chère âme, il faut me donner une marque immédiate de cet amour à toute épreuve.	Chère ange accorde moi ce que je [sollicite. Je t'adore et je veux, enfant, te le [prouver.
....	....
LÉA	MARTURA
Et si j'y entre avec une émotion que je n'ai point ressentie devant M. Turler, c'est qu'il y a loin de ce qui est légal à ce qui est sacré.	Je vous l'ai dit Frontis, je mets la [loi de Dieu Infiniment plus haut que toutes [vos lois d'hommes.
....	....
C'est que je me dirai, Dieu est là, il m'entend.	Mais qui donc le saurait ? — Dieu...
DANIEL	FRONTIS
Toujours, partout, ce songe creux, ce cauchemar de religion surannée, gastrique................	C'est assez feindre ici, ton Dieu [n'existe pas.
	....
Et cette conscience ne vous dit pas qu'un serment fait aux hommes est toujours sacré.	On ne fait jamais mal lorsqu'on [sait se soumettre A tout ce que nos lois ont bien [voulu permettre.

Nous pourrions continuer ces citations longtemps encore ; mais nous pensons que les rapprochements que nous venons de faire suffisent. Du reste, c'est le cas de répéter ce vers latin si souvent appliqué et si souvent applicable :

Grammaticæ certant sub judice lis est.

Enfin, comme épilogue de cette affaire, nous donnerons quelques extraits d'une lettre adressée de Naples, à la date du 24 octobre dernier, à M. Paul Vibert par M. Uriel Cavagnari, auteur dramatique italien très-estimé, qui a fait représenter en Italie une pièce sous le même titre de *Daniel Rochat* et qui est poursuivi en plagiat, pour ce fait, par M. Victorien Sardou :

Monsieur,

J'ai lu attentivement votre brochure l'*Affaire Sardou* et, si ma situation d'intéressé ne me rend pas partie, voici ce que je pense.

. . . .

M. Sardou avant que d'écrire sa comédie *Daniel Rochat*, connaissait-il le poème *Martura ?* Oui, il le connaissait, cela est bien établi par votre brochure. Aurait-il composé la pièce s'il n'avait point connu le poème? Très-probablement, non. A-t-il commis un plagiat pour cela ? Pas encore. Mais le vrai plagiat a été commis par M. Sardou, lorsqu'il a essayé de confondre les dates et de faire croire que l'idée mère fut née, développée et armée de sa tête olympienne.

Non-seulement donc, l'idée du *Rochat* n'est pas farine de son sac, mais il est incapable de se l'assimiler, car elle appartient à cette classe de conceptions qui dépendent du sentiment.

. . . .

Quant à moi, lorsque je travaillais à ma pièce, je ne connaissais nullement la sienne.

. . . .

Votre cause devient donc la mienne.

Si vous criez à M. Sardou : « Tu m'as volé mes idées », je lui crierai comme le grec ancien : « Tu me voles mes applaudissements. »

Notre entreprise, à vrai dire, cher Monsieur, c'est une rude besogne ; car nous n'avons pas à lutter contre des idées, mais contre des intérêts coalisés, contre les marchands de l'intelligence. Jadis, un homme, fut-il Voltaire ou Trissotin, n'avait rien que son talent et l'influence de ses amis pour se faire place. Aujourd'hui, il a le *capital-annonce,* qui ne connait ni délicatesse ni honte et qui se croit, par conséquent, hors de toute responsabilité lorsqu'il déploie son pavillon dans quelque endroit considéré comme légal.

Arcis-sur-Aube. — Imprimerie Léon FRÉMONT.

TABLE

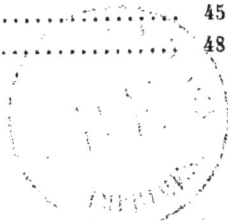

28